LAS TIJERAS
DEL GRAN IMPOSTOR
(2014-2016)

ExLibric

JOSÉ LUIS NUEVO ÁBALOS

LAS TIJERAS
DEL GRAN IMPOSTOR
(2014-2016)

EXLIBRIC
ANTEQUERA 2025

LAS TIJERAS DEL GRAN IMPOSTOR (2014-2016)
© José Luis Nuevo Ábalos
© de la imagen de cubiertas: Emma Marcella Zingari
Diseño de portada: Dpto. de Diseño Gráfico Exlibric

Iª edición

© ExLibric, 2025.

Editado por: ExLibric
c/ Cueva de Viera, 2, Local 3
Centro Negocios CADI
29200 Antequera (Málaga)
Teléfono: 952 70 60 04
Fax: 952 84 55 03
Correo electrónico: exlibric@exlibric.com
Internet: www.exlibric.com

ISBN: 979-13-87528-95-9
Depósito Legal: MA 221-2025

Impresión: PODiPrint
Impreso en Andalucía – España

Nota de la editorial: ExLibric pertenece a Innovación y Cualificación S. L.

JOSÉ LUIS NUEVO ÁBALOS

LAS TIJERAS
DEL GRAN IMPOSTOR
(2014-2016)

Solo hay tiempo sin puertas.

OCTAVIO PAZ

PRÓLOGO

Cuando conocí a José Luis Nuevo, tenía ya entonces el aspecto ensimismado de un intelectual extemporáneo. Se advertía que la vorágine del instituto desasosegaba su espíritu. Sin embargo, cualquier contacto con él fuera del centro invitaba a extraviarse por caminos inauditos, a viajar por la literatura grecolatina. Un día empezamos a charlar de no sé cuántos libros suyos aún inéditos. Y mi curiosidad rápidamente se vio satisfecha: no había terminado de leer una obra suya cuando ya me traía otro texto. Llegué a imaginármelo allí en su jardín de Archidona, acompañado de la soledad, pergeñando versos, estrofas y poemas con que entenderse y amainar cualquier tempestad del alma.

Es una osadía por mi parte tratar de descifrar la admiración que me produce su poesía. Una osadía y un honor.

Las tijeras del gran impostor (2014-2016) es una reflexión honda y sincera sobre el tiempo que camina «desagradecido, marcial, serio e inexorable»; ese tiempo que nos interpela sobre la condición humana y la importancia de lo que nos rodea.

La soledad aparece en la obra como un bien escaso que hay que proteger, porque solo en ella nos conocemos: el silencio interior está lleno de palabras («Echado sobre una nube») que suponen el remedio contra la confusión. Por el contrario, en «Si la música te arrastra» se muestra la actividad febril con que huimos de nosotros mismos para no tocar «el espíritu marchito y esclavo del hombre que somos».

La memoria y la revisión de lo vivido cobran fuerza en el último de los tres cuadernos temáticos en que se divide la obra: *Cuaderno gris. Tierra, Cuaderno rojo. Agua* y *Cuaderno azul. Aire*. Este incluye el poema «Muerte y aire» que contiene imágenes potentísimas sobre el paso de la vida a la muerte.

José Luis, como buen epicúreo, encuentra el placer en las cosas sencillas («Noche») y siente rechazo por la ciudad opulenta, por las trampas del consumo inmoderado, que suelen devenir en dolor y miseria. Sí, a pesar de ser esta una obra intimista, hay cierta denuncia social, unas veces de manera más explícita («Bosque salvaje», «La vasija de Diógenes») y otras más velada («Este estío de otoño»).

La formación clásica del autor propicia que nos adentremos por senderos que han estado abriéndose continuamente en el amplio camino de la tradición. Así resuenan en *Las tijeras del gran impostor (2014-2016)* numerosos tópicos literarios, tales como el *vanitas vanitatum* («La vida existe ahora»), *beatus ille* («Gato dormido») o *quotidie morimur* («Es una tarde calurosa de otoño»).

Además, podemos rastrear la huella de autores españoles del Siglo de Oro, como Fray Luis de León («Siete razones para desobedecer al diablo»), o del siglo XX, como Antonio Machado («Mañana de estío de septiembre») y Juan Ramón Jiménez («Descubrir la palabra precisa»). No en vano, la obra finaliza con una cita del poeta onubense («Se ha perdido lo humano, existe lo imposible...»), que condensa el significado último de numerosos poemas.

En cuanto al estilo, advertimos que el lenguaje sensorial y los conceptos abstractos mantienen un equilibrio idóneo para las reflexiones filosóficas del poemario. El uso de figuras literarias de repetición (anáforas y paralelismos) dota a los versos de musicalidad, enfatiza significados más profundos y potencia la emoción. Las metáforas y símbolos con que expresa sus más profundos sentimientos aportan múltiples niveles de significado que recompensan la atención del lector. Por último, en el poemario conviven ritmos ágiles, cercanos a la poesía popular, con versículos de corte vanguardista.

¡Qué poemario más hermoso has escrito, José Luis! Perdona que mis palabras apenas hayan rozado su grandeza.

SALUD GARCÍA CARRILLO

PRELUDIO

Hoy he cogido al tiempo
con mis manos limpias.

Parecía estar enfermo,
no andaba como de costumbre.

He palpado su corazón
frío y muy atormentado.

Al punto, al calor de mis dedos,
ha vuelto a caminar, desagradecido,
marcial, serio e inexorable.

Cuaderno rojo
AGUA

1. Lejos está la luz

Lejos está la luz,
que no se deja
tocar, coger,

mientras duerme
el agua viajera
en su regazo azul.

2. HACED UN LUGAR AL TIEMPO

Haced un lugar al tiempo,
donde su presencia invisible
encanezca vuestra alma

y veáis en el silencio de la soledad
cómo caen los copos de la vida
lentamente sobre los hogares,

mientras crepita en vuestro centro
de una edad una llama ya vivida,
tal vez cuando erais héroes,

o dioses o mendigos,
en otro tiempo de ceniza,
allá por campos de oro y amapola.

3. ME VINE AL MAR

Me vine al mar
a bañarme, ay,
en su rica poesía.

La ciega rutina
me asfixiaba lenta
en su agotamiento.

Hoy, señor me siento
del blanco horizonte,
pájaro sin tierra.

4. GRATA MELANCOLÍA

Me arrastra suave el viento
en su grata melancolía.

Cual gris gaviota vuelo
sobre el espejo azul.

No siente ataduras
mi espíritu marino.

Ni de ruin dinero,
ni de liviana fama.

Vuela y descansa
a la sombra de su ala.

Desde la altura diviso
del tiempo pasado,

cual hilos de araña,
su confusa memoria.

5. BAÑISTAS EN LA ARENA

Desnudos los niños cubren sus cuerpos de arena,
luego que del mar las olas resuenan a cobre.

Saltan frente a la espuma de cal,
más roncos gritan que el estertor del mar.

Buscan en sus juegos inocentes
el tiempo detenido e imborrable.

Ahora cae el sol en los acantilados lejanos,
y los niños desnudos se han ido.

Y el monótono sonido del mar
se mezcla con la soledad de la arena.

6. ESPUMA DE PLATA

Espuma de plata
rompe en tu seno
moreno de arena.

Velero lejano,
de ayer un sueño,
hoy olvidado.

Carne, agua,
blanca espuma,
voz de risa.

7. LEJANAS LAS BARCAS DE PESCADORES

Lejanas las barcas de pescadores
se balancean silenciosas.

La brisa fresca del mar barre
la arena seca de la playa.

Indiferente del tiempo a la rutina
el pescador impertérrito mira al horizonte.

Pasean jadeantes los bañistas,
morenos sus torsos desnudos.

En las rocas carcomidas
chocan las olas sonoras del mar.

Se alejan calladas las barcas,
como la esperanza en los muertos
corazones de los hombres.

8. MUERDE LA LUZ CEGADORA

Muerde la luz cegadora
tu cuerpo de leche.

Desvela tu desnudez
el marino oleaje.

Cierra los ojos a la luz,
tu espíritu se eterniza.

Blancura, desnudez,
¿soñamos, tal vez, vivimos?

9. EL AGUA BAÑA LA PIEDRA

El agua baña la piedra
y la abandona límpida

a su alegría inerte
en la arenosa orilla.

Así, la indeleble vida.

10. INSTRUIR DESTRUYENDO

Sabe la pesada piedra su destino de riqueza,
bajo la ley del martillo del hombre.

Sabe el pájaro solitario su vuelo eléctrico,
sobre los tejados húmedos de verdina.

Sabe la calle fría en la tarde indiferente,
de voces ininteligibles y pasos perdidos.

Sabe la sonora esquila de la torre moruna,
de la humedad y de la noche el escalofrío.

Sabe el gato angelical de los campos contaminados
y de la crueldad de los niños infernales.

Sabe el verde árbol de la indiferencia del agua
y de la putrefacción del alma de la tierra.

Todos, seres o no seres, saben su destino,
mas no el cansado hombre,
que se empeña en ignorarlo.

11. GATO DORMIDO

Serenamente tumbado
sobre la faz del rojo sillón:
—No entiendo de negocios,
ni de fatuas guerras,
—se dice el gato—.
Vuestras victoriosas derrotas,
o famélicas contiendas,
a mí, mientras ni un pedazo de pan,
ni un muelle rincón me falten,
me huelen a humo de vanidad.

12. ATMÓSFERA

Miradas ingenuas,
o cómplices de silencio,
que rasgan las vestiduras del significado.

No sé mirar a mi alrededor,
mientras mis ojos huidizos
se clavan hacia adentro,
como si se los tragara un mar de cosas.

Mudos en el silencio de la noche,
los libros sobre los anaqueles de madera
duermen, hasta que las horas
descubren el secreto de sus soledades.

Se confunden en la semioscuridad
los lienzos de colores calientes,
que cuelgan de las sombras de cal
de las paredes blancas.

El aire está denso,
pesa a jazmín estival,
que penetra por las rejas
de la ventana abierta de raíz.

Sentado a la mesa redonda
me encuentro yo, solitario,
pensativo, la luz azul, fría,
sobre el papel yerto.

Las palabras enhebran la idea
fugitiva, que encuentra su reposo,
su espacio, en el pensamiento,
que se forja trecho a trecho.

No hay dios, ni acaso nada,
solo la eterna soledad,
que nos acompaña siempre
en nuestro errar por la vida.

13. NOCHE

Noche,
luz
dentro.

Paz,
solo
agua.

Grillos,
luces,
albas.

Rico
sin
nada.

Pobre
con
todo.

Dios,
yo,
mundo.

14. AUTORRETRATO

Mirar al espejo de plata
al rayar la luz de la tarde.
Las cosas, cientos de cosas alrededor,
te juzgan impávidas sin sentencia.

Descubro sincero mi nombre,
Policarpo Azul Horizonte.
No me reconozco y sé quién soy,
vocales o consonantes al azar.

O tal vez otro ser diferente
en otro escenario de la vida.
No lo sé, solo me veo,
no como ayer, a la luz del espejo.

En el otoño de los días vividos —pienso—
apenas columbro la estela de lo pasado.
De los fracasos la llama veo a lo lejos
temblorosa, como el futuro incierto.

También los retoños de nuevos anhelos,
como veleros prontos a la mar.
Frente a mí, insisto, mi yo impertérrito,
mi yo imperfecto de carne y hueso.

15. MUERE UNA HORMIGA

Muere una hormiga,
y nace otra y otra.

Funerarias del despojo
nocturno del día.

Os multiplica la muerte
de vuestras iguales.

Sois vida eterna,
sin tiempo, ni medida.

Hormigas, reinas
y señoras sin amos.

Custodias del hoy,
del siempre poderosas.

Cuaderno gris
TIERRA

1. QUE EMPIEZA A LLOVER

¡No llueve por Sevilla,
será posible, Dios mío,
desde la Reconquista!

¡Calla, dolor de vientre,
que, como Satán te escuche,
no lloverá hasta setiembre!

Tengo sed de fuego,
de chasquidos de planetas,
de amores ardiendo.

Locuras de joven,
razones de viejo,
placeres eternos.

Leonor es mi rosa,
madre, ay, que, sin razón,
brilla tan hermosa.

Ciego, como un rayo,
refulges en la tormenta
de tu alma herida.

Cogidito de su mano,
quiero cruzar el río
y me digan enamorado.

¡Calla, pícaro fuego,
ardor desenfrenado,
que empieza a llover!

2. A una chica de negro

Gorda y golosa,
y voraz y miserable,
y traicionera y taciturna,
no me hables, ni me digas,
que ayer, sin llamarte,
me arrebataste mi perro,
mi perro querido y bueno,
que ya no lamerá mi mano,
ni acariciaré su lomo,
que ya no correrá a mi encuentro,
ni ladrará al extraño.
Gorda y golosa y extraña,
por favor, te pido y suplico,
no vengas ya más a mi casa.

3. Te arrastra no sabes dónde

Te arrastra no sabes dónde,
ni importa saber nada,
te arrastra el viento del sur
hacia confines de sosiego.

Recordar y construir la idea,
a semejanza de lo que fue,
o pensar a golpe de presente
la idea nacida hoy.

Frente a frente la realidad,
descarnada, cruda y soez,
que asfixia, oprime y no mata.

Yo, como verde ciprés,
elevo la espada de mi sombra,
atacado por maldades sin número.

4. LUZ DE AGOSTO

Trae a la grupa el aire
una luz pura, diáfana,
que deslumbra al mundo.

Son las cosas su perfil,
su esencia inmaculada,
que te llama en silencio.

Si no obedeces ciego,
reflexivo, esa luz se apaga,
para invocar en otro tiempo

a un leal pasajero
de la vida, que perciba
el lenguaje de su llamada

y transcriba con palabras
sinceras, comunes, osadas,
sus pensamientos ocultos.

5. ESCALERA

Tú, pura luz, me encadenas
a tu desvelo sincero,
a tu escala eterna.

Piso tu primer peldaño
y siento el irreversible peso
del tiempo devorador.

Asciendo a tu segundo,
no sé do vivo perdido
y veo esqueletos de sombra.

Sin darme siquiera cuenta,
estoy ya en el tercero,
la tarde está soñando.

De amor encadenado,
descanso en el siguiente,
¡tan grata es mi fatiga!

Al llegar al quinto tramo,
hoy miro, hermosa luz,
tu silencio, tu blancura.

6. HOY ES CANDELA

No tengo angustia en el bolsillo,
pero me fumo las húmedas palabras
para encontrar el centro del ser.
Resulta que los pájaros votivos
vuelan de sentimiento en pasión
y se posan atónitos en el agua del alma.
Sueña el viento sureño del deseo
que se enhebra en las rugosas cortinas
de los prejuicios del contrito corazón.
Ay, ay, las palabras, andamio o escalera,
con las que rezamos y alumbramos
las sombras de lo desconocido,
con las que desvelamos ignorantes
los nocturnos senderos del fuego.

7. SIETE RAZONES
PARA DESOBEDECER AL DIABLO

1ª. Pensar en tu amor, mientras siento tu lejanía.
2ª. Hurgar en la conciencia y coronar las montañas
del fatal desaliento.
3ª. Mirar a lontananza y descubrir la mortecina luz
de la vida.
4ª. ¡Oh, clara tarde! ¡Oh, verde de los campos!
¡Oh, paciente primavera de entusiasmo!
5ª. Sentir, amor, tu voz interior, mientras pienso
en tu último beso.
6ª. Robar al fugitivo segundo, el ahora vivo sin
retorno.
7ª. Y vivir prisionero en la voz del verbo infinito.

Diablo, que tu sobrecogedora maldad haga justicia a
mi sincera mediocridad.

8. Mañana de estío de septiembre

Bajo los aleros de barro
de los caducos tejados
del triste colegio infantil,
vuelan las oscuras golondrinas.

¿Buscan una verdad perdida,
o acaso vivifican el silencio de la memoria?
¿Tal vez esperan el manantial
de vida de los niños ausentes?

9. De tu diablo habla la voz

De tu diablo habla la voz,
cual de tormenta estruendo,
y por do empezar no sabe.

Eres tránsito de sombra,
hoy luz y nada mañana,
esa es tu fútil condición.

Escrito está en la barba
del papel siempre eterno,
sin pregunta ni respuesta.

Es condición humana amar,
orgullo de ser hombre,
siempre, amar hasta siempre.

De la esclavitud redimirse
de la muerte sin piedad,
cual rayo puro de luz.

Escala son las palabras
de ascensión celeste
a los confines del verbo.

10. EL LIBRO ROBADO

El alma del papel,
de palabras las ideas.

Las heridas ideas,
que transforman las cosas.

Las alegres ideas,
que sueñan los silencios.

Las solitarias ideas,
que pueblan los abismos.

Las tristes ideas,
que olvidan el tiempo.

Eso, murmuran, dicen,
que tiene el libro robado.

11. LA CASA DESHABITADA

Signaba las 12 el reló
de pared del salón deshabitado.

Aullaba el solitario perro
tras la tapia del patio empedrado.

Había muerto hace 6 días
la niña más pequeña.

Invadíalo todo, todo,
el silencio más profundo.

En los viejos muebles arrullaban
los gigantes de carcoma.

¿Quién puebla los senderos
de la memoria dormida?

12. La búsqueda

Hoy, soledad, te busqué
entre multitud de muertos,
y no estabas, no estabas.

Yerta amapola había
en la cresta de famélica idea
y pensé: «Esa es mi soledad».

Mustios tus pétalos puros,
tu olor sincero podrido.

¡Oh, soledad carcomida,
no mueras para siempre!

Hijos de incierto futuro
con llantos te aguardan.

13. El bosque salvaje

Los árboles ya no son árboles,
los ríos ya no son ríos,
los animales ya no son animales,
los hombres ya no son hombres.

¿Qué son los árboles, entonces?
Los árboles son columnas de cemento
que cortan y ahogan el aire.

¿Y los ríos?
Los ríos son enfermas muchedumbres
de humanos, que hozan en las heces
de la novedad y el despilfarro.

¿Y los animales?
Los animales son esclavos sin cadenas,
llamados humanos,
dóciles al brillo del viejo metal.

¿Y los hombres?
Los hombres son números finitos,
números que suman o restan,
números que dividen o multiplican,
números que enriquecen o empobrecen
a otros hombres.

14. PÁJAROS NEGROS

Pájaros negros
vuelan inquietos
dentro de mí.

Vuelan y vuelan,
no hay reposo,
de rama en rama.

Y picotean,
muy hambrientos,
la luz de mi alma.

Triste me dejan,
desamparado,
ay, como muerto.

15. VORAZ ME RECORRE

Voraz me recorre,
repta, escupe
dentro de mí
ira amarga.

¡Ay, paz, sosiego,
no me olvides!

16. Olvido

¿Purifica o pudre
las cosas el fútil tiempo,
o acaso las olvida?

¿Ignoras bajo tus pies
la oscura tierra que
cobija la memoria?

¿Duerme la tarde fría,
redentora de alboradas
y efímeras mañanas?

17. ECHADO SOBRE UNA NUBE

Echado sobre una nube,
no pienso en nada.

Bueno, eso creo, que no pienso,
pero pienso en la noche oscura,
cuando el sosiego puebla
mi espíritu cansado y maltrecho,
y las palabras anónimas,
cual estrellas de plata
en el vacío celeste,
germinan en mi pensamiento.

Echado sobre una nube,
descubro mi silencio interior.

Cuaderno azul
AIRE

1. NOVIA DEL VIENTO

¿Sabes? Ayer se me rompió el mundo,
nadie puede domeñar la vasta soledad del corazón.

Te diría, tienes olas en la boca,
sonrisa de mar de plata,
aires de otoño en tu alma imposible.

¿Quién puede habitar las torres de tus sueños
y saciar los claros designios de mi sed?

Tú, indiferente, no respondes,
estás muda, solitaria,
como pensando otra realidad.

Hablas un lenguaje muerto,
y te alejas alegre de las miradas,
como la novia del viento que eres.

Los días de nuevo te traen a mi lado,
como una brisa marina al alba,
y me siento dichoso al verte.

2. CON BESOS DULCES

No desesperes,
me dices, mientras

vas solitaria
calle arriba.

Y me pregunto,
¿dónde tu alma

jovial y alegre
de días pasados,

cuando la rana
croaba sola,

y tú me amabas
con dulces besos?

3. HOY NO HAY LUNA

Hoy no hay luna,
solo estrellas.

Miras el cielo,
te sientes dentro.

Descubres sombras
y amaneceres.

Allí, la efímera
luz de las ideas.

Acá, la oscura
gruta de la ira.

Mientras el perro,
muy lejos, ladra,

fugaz destello
de pincelada blanca.

4. VIENES A VERME

Vienes a verme
lunes ayer.

Llevabas flores
sobre el regazo.

Fresco airecillo,
feliz reinaba

y refrescaba
la tarde tu risa.

Cogí una blanca
flor de tu mano.

Pensé, ¿soñaba?
Y me diste un beso.

5. ESTÁS LIBRE

Cual estanque de agua,
me anega tu silencio.

Estás libre y hermosa
en estival mañana.

Joven bebes vida
de inusual entusiasmo.

Canturrean los pájaros
viciosos de tu dicha,

mientras hoy retoñan
sedientos los árboles.

No olvides quién eres,
¿realidad o memoria?

6. Muerte y aire

Anochece, padre, en tu alma cansada,
no sabes el día fijado
y deseas vivir eternamente,
tragarte la vida como un vaso de vino.

Arrastran los pétalos blancos de los almendros
sinsabor de escalofrío invernal.
Los sentimientos destroza metal de muerte
por los tejados imaginarios del corazón.

Las casas duermen en los rincones
de los pensamientos a la luz macilenta de las ilusiones.
Como alfiler que se clava entre las uñas,
nieva en nuestras venas que se hielan de acero.

No digáis que el aire arrastra tordos de muerte,
que van a morir a las chimeneas sin fuego,
que por las rendijas del alma penetra un río de frío,
que desconcierta las esperanzas y los anhelos.

De los difuntos el banquete invita en el hogar
a los vivos, que ofrecen sus espadas de misericordia,
mientras entonan letanías, que no comprenden,
desde los siglos de las hogueras de la religión.

El aire se enrosca como espiral infinita,
que degüella de la vida la llama de la esperanza,
que se resiste, campeadora,
al envite de la mano de la guadaña.

De la muerte el velero surca las tempestades
de los alientos por los acantilados de las miradas
de luto, hasta la isla de los cipreses celestiales,
donde moran las cenizas de la tierra.

7. Noche. Luna. Ciprés

Noche

Tus besos son amargos,
cual vil noche sin luna.
No me hables, ni me digas,
te quiero, y eso me basta.

Luna

Virgen de la tiniebla
a tu destino me llamas,
eterno estoy unido
a tu sombrío grito.

Ciprés

Me elevo a los cielos,
locamente enamorado,
de tus encantos y besos.
¡Oh, luz bella de mi alma!

8. DESCUBRIR LA PALABRA PRECISA

Descubrir la palabra precisa,
que delimite de las cosas el secreto,
ha sido afán de elegidos y alucinados.

Llueve, llueve musicalmente,
como voces de gloria,
dentro de mi tarde interior.

Reconozco la voz de la esperanza,
hilo de nostalgia,
que desvanece las oscuridades.

Llueve, llueve y llueve,
como gotas de pensamiento,
que de sed sacian mi crepúsculo.

Del amor el árbol de fuego
resiste la carcoma del segundo
en las vastas dehesas del alma.

Llueve musicalmente, llueve,
como voces de ángeles mortales
en el vacío interior del espíritu.

La palabra etérea hoy,
pétrea si la descubro,
mis errantes ideas esculpe.

9. ES UNA TARDE CALUROSA DE OTOÑO

Es una tarde calurosa de otoño,
aún suenan en un tiempo vivido
las esquilas lejanas de la torre.

Y tocan a muerto cualquiera,
tal vez una pequeña parte de ti,
o quizá de mí, que se ha ido.

Morirse cada segundo que pasa,
y ya no es ahora, sino hoy,
muerte segura de siempre.

Porque, sin darnos cuenta, día a día
acumulamos fragmentos de nuestra muerte,
como cartas de una amante lejana.

10. LA VIDA EXISTE AHORA

A Sole Ábalos

La vida existe ahora
y uno no es nada.

Tú veías el mar morir
en las barbas del horizonte,
y los barcos, llenos de nostalgia,
varaban junto al brazo de tu ciudad.

Tus amores insolentes y malvados
te embriagaban de mentiras y besos,
y el fuego de los cigarrillos negros
quemaba la fugaz pasión.

Junto al roquedal de granito
volaban silentes las gaviotas.
¿Qué maestro de la dicha
te hubiera desvelado la luz de las tinieblas?

Ninguno. Del hambre se instruye
el pájaro, de la astucia el gato.
Mejor es, a veces, callar, no decir nada,
sentirse nada, que busca la nada.

11. NOCHE DE SANTA MARÍA

Olor a sudor milenario,
sin jabón ni agua sabia.

Gitana hermosa de tez,
morena y pecho de manzana.

Voz quebrada de cueva,
honda y silencio eterno.

Piedra en la entraña,
caliza de llanto gitano.

12. SI LLUEVE EN LA MONTAÑA

Si llueve en la montaña,
nace viva el agua.

Así nos ocurre
siempre a los seres.

Si trabajas en la sombra,
nace vivo tu fruto.

13. ESTE ESTÍO DE OTOÑO

Este estío de otoño,
que no se lleva la corriente.

Esta pena enmohecida,
que rezuma melancolía

Esta vida, vida taciturna,
que llora, como niño enfermo.

Esta voz en grito,
que aúlla triste, como huracán.

Este verso de la tarde,
que no encuentra su camino.

14. Centro primordial

Centro primordial
hondo, original,
vocinglero, anónimo,
centro, círculo,
redondo, oscuro,
de caos primero,
¿quién no se asoma
a tu cerco de luz,
y se ilumina
de tu vastedad,
mágica e irreligiosa?

15. La vasija de Diógenes

A los refugiados

Desolación es su cara,
contrita de pavor,
en los limes de la muerte.

Busca la esencia del yo,
su aliento de ceniza,
robado, violado, muerto.

El yo del padre, el yo del hijo,
el yo del marido, el yo del hermano,
el yo de la esposa, el yo del yo.

Y no encuentra nada,
nada, vacío y espanto,
dolor y muerte, nada.

16. MORADA O CÁRCEL

Eres tu casa o tu sueño,
no lo sabes o lo ignoras.
Eres tu casa ahíta
de empolvados recuerdos,
de balcones y ventanas,
asomados al infinito
de libros dormidos.

17. POÉTICA PÁJARO

No quiero la palabra vacía,
que no nombra las cosas,
que, como pieza automática,
compone el puzle de la idea.

Deseo esa palabra provista de equipaje,
que ansía nombrar la sustancia primera de las cosas,
que despierta la ancestral emoción,
al abrirse al significado esencial.

Mas encontrar esa palabra redonda,
qué difícil y ajeno es descubrirla,
seguir su estela, como la de una luz
en una marina silenciosa y anónima.

18. Llueve en Santiago

Llenar el vano vacío
espiritual del presente,
llenar de qué pensamientos.

Dejarse llevar, tal vez,
cual fugaz llovizna grave
en el hondo desaliento,

por el intenso olor
a homilía antigua
de latín e incienso quemado.

Y, perplejo, escuchar
rezos sumisos, votivos,
de cánticos celestiales.

Y, al punto, despertar
de los no vivos la memoria
y su espíritu sentir,

errante, alegre, huidizo,
cual tiempo detenido,
y vivir la paz eterna.

19. LLAMADA

Eres sombra de tu reino interior,
recorrido ignoto del presente,
asume tu pasajera condición.

Nunca olvides ya la llamada,
por siempre en ti clavada está
por el gran impostor hasta la muerte.

No importa, ni el sueño, ni el hastío,
ni el abismo, ni el mortal amor,
la invisible mano te tocó un día.

Soporta la aguda desesperanza
y la liviana gloria del orgullo,
y la ácida arrogancia del eco.

20. Pez dorado

Saltar y correr como niño
y no mirar atrás.

Correr, sin parar,
correr y saltar.

Te detienes,
miras hacia atrás,
miras hacia adelante.

Ya no corres,
lentamente caminas,
caminas.

¿Dónde el centro de la vida,
como quien no espera nada
y vive mirando el horizonte?

21. SI LA MÚSICA TE ARRASTRA

Si la música te arrastra,
¿qué tiene tu pensamiento enfermo,
amigo sincero, mientras ladra
en el patio el perro sumiso?

Viajas para huir de este mundo,
que llaman mundo único y bello,
pero que asfixia, ahoga y duele,
como una enfermedad sin cura.

Escapar como un pájaro de la jaula,
no saber dónde ni hacia qué cielo,
volar, volar y volar, ver la realidad
lejos, lejos, pequeñísima.

Dibujar al hombre como átomo,
que se arremolina entre átomos,
lejos, lejos, muy lejos, si tú vuelas
silencioso, solitario y sonámbulo.

No alejes las miserias del hombre, que son tus miserias,
no ocultes los defectos, que son tus defectos,
no encierres los deseos, que son tus deseos,
libera el espíritu, que es tu espíritu marchito y esclavo.

Se ha perdido lo humano, existe lo imposible...

JUAN RAMÓN JIMÉNEZ

Índice